Aus alter **Arbeits**zeit

14. Auflage 2023

Idee-, Ausstellungs- und
Kataloggestaltung: Gergard Lienemeyer
Vier einführende Texte: Dr. Ulrike Adamek,
Hessischer Museumsverband
Druck: Druck- und Verlagshaus Thiele & Schwarz GmbH, Kassel
Buchbinderische Verarbeitung: S. R. Büge, Celle

34281 Gudensberg-Gleichen, Im Wiesental 1
Tel.: 0 56 03 / 9 30 50
ISBN 978-3-925277-34-4

Aus alter **Arbeits**zeit

Bäuerliche Berufs- und Lebensbilder
1948 – 1958 photographiert
und beschrieben von Georg Eurich

Der Fotograf

Georg Eurich aus Lauterbach, Jahrgang 1920, ist ehemaliger Schulleiter der Schule in Frischborn. Er ist Autor mehrerer Bildbände und heimatkundlicher Bücher. Seit 1948 dokumentiert er mit seinen Kameras Land und Menschen und hat eine reiche Sammlung solcher Aufnahmen. Seine heimatkundlichen Kenntnisse der alten Berufe und Tätigkeiten kommen in den Bildlegenden zum Ausdruck.

Der Sämann

Saat- und Erntezeit sind auch heute noch wichtige Daten in der Feldbestellung. Nur hat sich die Arbeitsweise in den letzten Jahrzehnten wesentlich geändert. Bauern, die als Sämann über ihre Äcker schreiten und mit gekonnten Würfen das Saatgut gleichmäßig verteilen, findet man nicht mehr. Das war noch zu Großvaters Zeiten.

Der Zeitraum, in dem sich Berufsbilder verändern, ja ganze Berufszweige aussterben, wird immer kürzer. Handwerkliche Fähigkeiten und Techniken stehen in Konkurrenz zu industriellen Fortentwicklungen und mußten allzuoft der industriellen Kultur weichen. Diese Fotodokumentation soll deutlich machen, wie schnell traditionelles Kulturgut und Handwerk dem technischen Fortschritt Platz machen mußte.

In der mehr als 220jährigen Geschichte der Brandkasse war diese – wie heute – Partner und Weggefährte des Handwerks und der Landwirtschaft. Handwerkliche und landwirtschaftliche Arbeit als Teil unseres kulturellen Lebens zu verstehen und zu bewahren, ist das Ziel der Ausstellung und dieses Buches.

Klaus Bechmann
Direktor der Brandkasse

Der Schmied

Der Schmied ist der älteste metallverarbeitende Handwerker und seit jeher ein angesehener Beruf. Es gab vielerlei Arten dieses Berufes, beispielsweise Grobschmied, Wagen- und Hufschmied, Waffen-, Messer- und Nagelschmied, Blech-, Kupfer- und Goldschmied, Kunstschmied oder Kleinschmied (Schlosser).

Früher hatte fast jedes Dorf eine Schmiede. Das hat sich grundlegend geändert. Auch die Schmiede mußten sich, um beruflich zu überleben, der Zeit anpassen. Aus den Huf- und Wagenschmieden unserer Städte und Dörfer sind vielseitige eisenverarbeitende Handwerker geworden.

Einige Schmiedebetriebe haben sich auf den Hufbeschlag spezialisiert. Pferde gibt es heute ja wieder häufiger, auch wenn sie kaum noch als Arbeitstiere gehalten werden.

Ein 77jähriger Schmiedemeister aus dem oberhessischen Dorf Landenhausen, den ich 1952 in seiner Schmiede aufsuchte und fotografierte, erzählte mir, daß sein Großvater und Vater um die Jahrhundertwende nicht nur als Schmiedemeister, sondern auch als „Zahnärzte und Viehdoktoren" in der ganzen Gegend bekannt waren. Diese Tätigkeit wurde von dazu fähigen Leuten neben ihrem eigentlichen Beruf ausgeübt, denn Zahn- und Tierärzte im heutigen Sinne gab es in manchen ländlichen Gebieten kaum.

Als Ferdinand Georg Waldmüller im Jahre 1844 „Die Heimkehr nach der Ernte" malte, eine romantisierende Darstellung bäuerlicher Arbeit mit sauberen, adrett gekleideten, fröhlichen Landmenschen, war die Fotografie gerade wenige Jahre alt. Später ersetzte sie oftmals das gemalte oder gezeichnete Bild; mit der Fotografie war die Möglichkeit geschaffen worden, authentische Bilder der Wirklichkeit ohne Zuhilfenahme malerischer Fertigkeiten zu erlangen und festzuhalten. Die Darstellung der Menschen auf dem Lande wurde zuweilen ehrlicher. Man sah nun auch Bauern in einfacher Arbeitskleidung, in deren Gesichtern sich Spuren harten Schaffens abzeichneten.

Doch auch die Fotografie kann nur eine eingeschränkte Sicht auf die Vergangenheit vermitteln. Sie ist zwar Abbild, schneidet jedoch räumliche und zeitliche Segmente aus der Wirklichkeit heraus und löst so die Dinge aus dem Zusammenhang. Dies sollte man bei der Betrachtung von Fotografien stets bedenken, insbesondere dann, wenn sie als historische Quelle genutzt werden.

Das vorliegende Buch enthält Bilder und Texte aus der bäuerlichen Arbeits- und Lebenswelt des Vogelsberger Raumes, einer armen Landschaft im waldreichen oberhessischen Mittelgebirge.

Mit Gespür und fotografischem Talent hat der Autor Menschen bei ihrer Arbeit beobachtet und aufgenommen. Sein besonderes Augenmerk galt dabei dem Werkprozeß selbst. Bewußt gestaltete er die Bildinhalte, um den Umgang mit Material und Werkzeug zu dokumentieren.

Die Fotografien strahlen Ruhe aus und erwecken den Eindruck einer agrarisch geschlossenen Welt, die arbeitsteilig organisiert war und in fest gefügten Bahnen verlief. Sie wurden jedoch erst in den 40er und 50er Jahren unseres Jahrhunderts aufgenommen, als das Leben auf dem Lande gravierenden Veränderungen unterworfen war. Rationalisierung, Flurbereinigung und der Einsatz moderner Techniken lösten die festgefügten bäuerlichen Strukturen auf und machten herkömmliche Arbeitsweisen in Handwerk und Landwirtschaft überflüssig. Die „Alte Arbeitszeit", die besonders im Vogelsberg durch Armut und Not gekennzeichnet war, wich einer neuen, anderen Zeit. Die Modernisierung brachte neue Probleme und warf andere soziale und wirtschaftliche Konfliktfelder auf. Heute wissen wir, daß auch sie nur mit Schattenseiten zu erkaufen war.

Das gegenüberliegende Foto zeigt einen Besenbinder. Er sitzt auf einem niedrigen Holzbänkchen, auf den Knien hält er einen Reiserbesen. Es ist der letzte von dreien, die er vielleicht an diesem Abend anfertigen wollte.
Das gepolsterte Sofa im Hintergrund, das ordentlich zurechtgerückte Kissen, die geblümte Tapete und die gemusterten Vorhänge lassen erkennen, daß der Besenbinder in der Wohnstube arbeitet. Er ist Feierabendhandwerker.
In ländlichen Gebieten gab es zum einen die typischen Dorfhandwerker. Zu ihnen zählten sich beispielsweise Schreiner und Schlosser, Schmiede und Wagner, Müller und Bäcker, Zimmerleute und Maurer. Sie besaßen meistens ererbte Handwerksbetriebe und produzierten in der Regel für einen festen dörflichen Abnehmerkreis. Zum anderen gab es Bauern, die neben der Arbeit auf Feld und Hof ein kleines Handwerk betrieben. Besonders in Armutsgebieten war das Feierabendhandwerk weit verbreitet. Die Parzellen der Bauern waren oft so klein, daß die Landwirtschaft allein ihnen kein Auskommen bieten konnte.
Zu den Feierabendhandwerkern gehörten beispielsweise die Besenbinder, Löffelschnitzer, Rechenmacher und die Töpfer. Durch den Nebenerwerb verlängerte sich ihr ohnehin schon anstrengender Arbeitstag um weitere drei bis vier Stunden. Manche von ihnen zogen in den Sommermonaten als Hausierer über Land und boten ihre Ware feil. Haus, Feld und Hof mußten in dieser Zeit von Frauen und Kindern versorgt werden. Kinder wurden auf dem Lande als feste Arbeitskräfte miteinbezogen.
Im Laufe des 20. Jahrhunderts nahm das Handwerk im ländlichen Raum kontinuierlich ab. Die Ursache für diesen starken Rückgang ist in den veränderten Produktionsmethoden der Landwirtschaft zu suchen, die sich unterschiedlich rasch durchsetzten. Die bäuerlichen Großbetriebe der Wetterau, der Niederhessischen Senke und des Ried konnten mit Hilfe der neuen Landmaschinen rationeller produzieren. Die Produkte der Handwerker, die auf den herkömmlichen bäuerlichen Bedarf bezogen waren, wurden somit überflüssig.
In Gebieten, wo sich der Einsatz moderner Technik kaum lohnte, überlebte das Handwerk länger. Doch auch dort gab es in den 50er Jahren nur noch wenige Handwerksbetriebe und Feierabendhandwerker. Mit den alten Handwerkern starben schließlich viele Gewerbe ganz aus. Die jüngere Generation verdiente sich nun den Lebensunterhalt in nahegelegenen Fabriken.

Der Besenmacher

Das Besenmachen war eine verbreitete Heimarbeit. Fast in jedem Dorf Ober- und Nordhessens gab es Männer, die Reiserbesen herstellten. Man brauchte sie das ganze Jahr über in Haus, Hof und Stall. Das Material für diese Besen war zuweilen knapp, und oft mußte der Besenmacher draußen lange suchen, bis er genügend Holz und Reisig für einige Tage Heimarbeit gefunden hatte.

Der Stiel wurde aus Fichtenholz gefertigt. Aus der Schale von Haselnußstöcken wurden die Ringe geflochten, die weit haltbarer waren als Ringe aus Draht. Das verwendete Reisig war vom Birkenbaum. Wenn alles Material zusammengetragen war, benötigte ein geschickter und geübter Besenmacher eine halbe Stunde Zeit für die Anfertigung eines Reiserbesens.

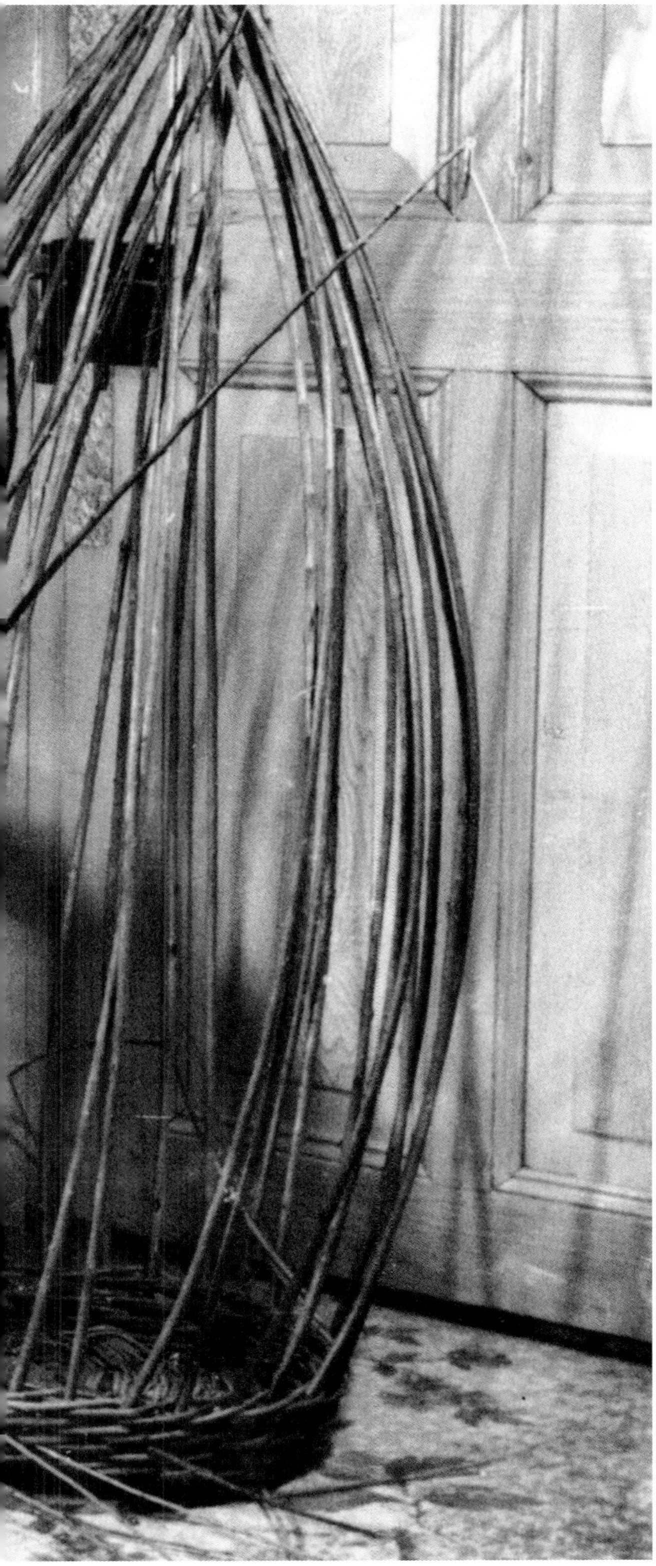

Der Korbflechter

Körbe werden seit jeher in jedem ländlichen Haushalt gebraucht. Der handgeflochtene Weidenkorb ist durch den industriellen Draht- oder Kunststoffkorb verdrängt worden.
Früher gab es in vielen Dörfern Korbmacher, die diese Tätigkeit in Heimarbeit ausführten.
Das Material zur Herstellung von Körben liefern die Weidenbäume oder -büsche. Am liebsten verwenden die Korbflechter die Hölzer der Salweide, weil diese an Länge und Geschmeidigkeit den Hölzern der Grau- und Brachweide überlegen sind. Meist werden die Weiden bereits monatelang vor ihrer Verwendung geschnitten, damit das Holz ausgetrocknet ist. Denn Körbe, die aus frischen Weiden geflochten werden, haben durch das Eintrocknen nur eine kurze Haltbarkeit.
Die getrockneten Weiden werden vor dem Flechten in heißem Wasser eingeweicht, damit sie wieder geschmeidig werden und sich besser verarbeiten lassen. Sollen „weiße Waschkörbe" hergestellt werden, so muß man vorher die Rinde der Hölzer gründlich abschaben, damit das Weidenholz bleichen kann.
Körbe, vor allem die weißen Waschkörbe oder bunte Blumen- und Schmuckkörbe, gehörten früher in manchen Gegenden zur Aussteuer einer ländlichen Braut und wurden auf dem Brautwagen mitgeführt.

Der Schindler

Seit vielen Generationen arbeiten Kleinhandwerker und Heimarbeiter in den Gebirgsgegenden mit dem Werkstoff Holz. So auch die Schindelmacher.
Das Schindeln von Außenwänden kam erst im 19. Jahrhundert in Mode. Meist wurden die Fachwerkhäuser nur auf der Wetterseite verschindelt; in den Höhenlagen der Mittelgebirge deckte man oft alle Seiten des Hauses ab.
Die Schindeln aus dem Holz der Buche, aber auch der Föhre, Lärche oder Tanne werden in verschiedenen Formen hergestellt (Rund-, Zungen- und Spitzschindel). Für die Herstellung von Schindeln in Handarbeit nahm man astfreies Holz, das zuerst auf Schindellänge gesägt und grob gespalten wurde, so daß man Schindelrohlinge erhielt. Diese wurden mit dem Beil keilig behauen und anschließend an der Schnitzbank mit dem Zugmesser geglättet. Letzlich wurde die Schindel am dikken Ende mit einem Meißel halbkreisförmig oder in anderer Form behauen, wobei der Schindler einen Helfer benötigte.
Ein Schindelmacher, der diese Brettchen noch handwerklich herstellte, fertigte pro Tag etwa 500 Stück an. Wenn dann die Holzbrettchen am Hause festgenagelt wurden, gingen etwa 250 Stück auf einen Quadratmeter.

Der Küfer

Der Küfer, in anderen Gegenden Deutschlands auch Böttcher, Faßbinder oder Schäffler genannt, übt ein altes Handwerk aus, das heute aber kaum noch seinen Mann ernährt. Fässer und Behälter, die man früher beim Küfer anfertigen ließ, werden heute von der Industrie als Massenartikel hergestellt. Metall- und Kunststoffgefäße haben die vom Küfer gefertigten Wein-, Bier- und Butterfässer, Waschzuber, Bottiche, Kübel, Wannen und Eimer, Kannen und Krüge („Gölzen") verdrängt. Wie entsteht nun beispielsweise ein Faß? Der Küfer verarbeitet getrocknetes Spaltholz mit Axt und Beil zu sogenannten Daubenrohlingen. Mit Messer und Hobel höhlt er anschließend den Bauch aus und bringt die Längskanten auf Krümmung.

Das Zusammenfügen der Dauben geschieht auf dem Fügbock. Nachdem die Dauben geglättet sind, werden sie in einem eisernen Musterreifen zusammengestellt, wo sie den Faßrumpf bilden. Sodann wird dieser angefeuchtet und mit einer Kette oder einem Seil zusammengezurrt. Daraufhin erwärmt der Küfer das Innere des Faßrumpfes über einem Feuer, um das Holz biegsam zu machen und zieht die eisernen Faßreifen auf. Nach dem Glätten der Daubenenden bringt er auf ihrer Innenseite die Nut zur Aufnahme der Faßböden an, wobei als Dichtungsmasse zwischen Wandung und Böden getrocknetes Schilf („Liesch") verwendet wird. Nach dem Bohren des Spundlochs ist das Holzfaß fertig.

Der Holzschuhmacher

In vielen Dörfern Nord- und Oberhessens wurden früher bei landwirtschaftlichen Arbeiten im Garten, im Stall oder in der Wasch- und Futterküche Holzschuhe getragen. Auch Schulkinder kamen bei Regenwetter oder im Winter mit Holzschuhen, die über die von Frauen selbstgefertigten „Datschen" oder „Fierwes" getragen wurden, in die Schule. Im Schulflur standen dann die hölzernen Schuhe säuberlich aufgereiht. Das Holzschuhmachen gab es auch früher nur selten als Heimarbeit. Diese Arbeit erforderte überdurchschnittliches Können. Die hölzerne Fußbekleidung war „Maßarbeit", die nur von wenigen beherrscht wurde.

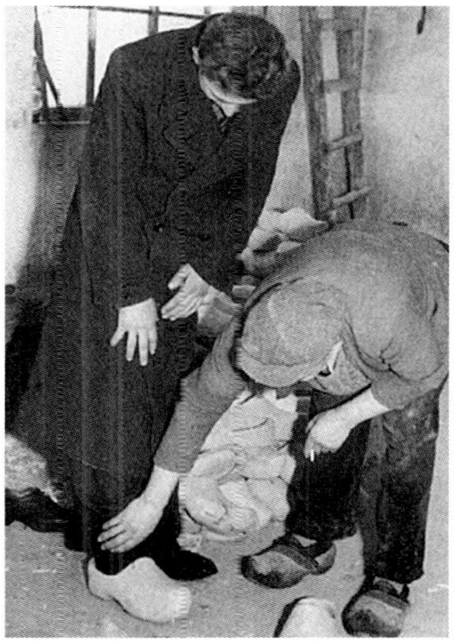

Zur Herstellung von Holzschuhen eignen sich besonders Weichhölzer wie Birke, Erle oder Pappel. Die Baumstämme werden in überschuhgroße Stücke zersägt und dann mit dem Beil grob behauen. Anschließend wird das Holzstück mit einem Löffelbohrer ausgehöhlt. Zur Nach- und Feinarbeit verwendet der Holzschuhmacher das Schnitzmesser.

Der Wagner

Der Wagner oder Stellmacher ist ein ebenso alter holzverarbeitender Handwerksberuf wie der Schreiner. Wagner fertigten Gestelle und Leitern, hölzerne Pflüge und andere Feldgeräte, Wagen aller Art und Geräte für die Flachsbereitung. Gelegentlich wurden auch besondere Erzeugnisse, wie dieses Wasserschöpfrad zur Bewässerung der Wiesen hergestellt, das bis in die fünfziger Jahre bei Niederstoll im Schlitzerland stand. Das Bohren der Radnabe eines hölzernen Wagenrades war handwerkliche Präzisionsarbeit. Sie war Voraussetzung dafür, daß später das Rad am Wagen einwandfrei in der Spur laufen konnte.

Der Rechenmacher

Der Rechen ist im ländlichen Haus ein unentbehrlicher Gebrauchsgegenstand. Früher verwendete man ausschließlich die von Rechenmachern handgefertigten Holzrechen.
Die hessischen Mittelgebirge waren Zentren des häuslichen Kleinhandwerks. Durch den Holzreichtum entwickelten sich vor allem holzverarbeitende Tätigkeiten. Rechenmacher, Schindler, Holzschuhmacher, Siebmacher und Löffelschnitzer waren die bekanntesten solcher Kleinhandwerker, die ihre Tätigkeit teils als Nebenerwerb oder auch in Heimarbeit ausübten. Im 19. Jahrhundert, als Not und Elend herrschten, nahmen solche Arbeiten sprunghaft zu. Um Konkurrenz zu vermeiden, spezialisierten sich in manchen Gegenden einzelne Dörfer auf bestimmte Kleingewerbe und Tätigkeiten.

Die Herstellung von Holzrechen in Handarbeit erforderte Geschick sowie Kenntnisse über den Werkstoff, um Bruch, Reißen und Verziehen des Rechens zu vermeiden. Für den runden und glatten Rechenstiel wurde meist Eschenholz verwendet. Die Zähne (Zinken) wurden zugerichtet, indem jeder einzelne von Hand durch einen Durchschlag getrieben wurde, wobei er seine Form erhielt. Der Rechenbalken, das Querstück, wurde auf der Zugbank geschnitzt, die Zinkenlöcher gebohrt, die Zähne eingefügt, festgeschlagen und auf gleiche Länge gebracht. In den vorbereiteten Balken setzte der Rechenmacher nun den Stiel, den er mit einem oder mehreren Bügeln stabilisierte. Kinderrechen und Brautrechen wurden bunt bemalt und mit vielen Ornamenten verziert.
Früher war es vielerorts Brauch, daß der Brautwagen, auf dem die Braut ihre Mitgift in das Haus ihres zukünftigen Gatten fuhr, von Verwandten und Bekannten oder Freundinnen festlich geschmückt wurde. Nicht nur mit Blumen und Girlanden, sondern auch mit kunstvoll gefertigten Gegenständen. Dazu gehörten auch die „Braut- oder Hochzeitsrechen", die in leuchtenden Farben mit Mustern, die oft seit Generationen überliefert waren, von den Rechenmachern bemalt wurden.

Der Schreiner

Der Schreiner oder auch Tischler genannt, ein Handwerksberuf, der Holz zu Einrichtungs- und Ausbauzwekken verarbeitet, ist heute noch überall anzutreffen. Die bekanntesten Zweige dieses Gewerbes sind die Bau- und Möbelschreiner. Auf welch hohem Stand dieses Handwerk bei uns schon vor Jahrhunderten war, zeigen alte Möbelstücke wie Truhen, Tische, Stühle und Schränke, teils mit Schnitzereien und Einlegearbeiten aus verschiedenen Holzarten versehen. Von Geschicklichkeit und künstlerischem Sinn dieser Handwerker zeugen manche schönen Innentreppen und zahlreiche geschnitzte und verzierte Haustüren der alten Häuser in unseren Dörfern und Städten.

Der Schuhmacher

Der Lederschuh im heutigen Sinne wird seit dem Mittelalter getragen. Bis in die Mitte des 19. Jahrhunderts hinein wurden die Schuhe ausschließlich handwerklich hergestellt. Aber auch noch Jahrzehnte danach fand man allerorten Schuhmacher, die ihr Handwerk betrieben. Heute zählen sie zu den seltenen Berufen.
Ein handfertigender Schuhmacher nimmt Maß, sucht einen Holzleisten, der den Maßen des Fußes entspricht, und fertigt um diesen Leisten herum den Schuh. Die Hauptteile des Schuhs bestehen aus Lauf- und Brandsohle, Lederrahmen und dem aus einem Dutzend Weichlederstücken geschnittenen Schaft.

Der Zimmermann

Früher war in waldreichen Gegenden die Holzbauweise vorherrschend: bis weit ins 19. Jahrhundert hinein prägten dort Fachwerkbauten das Bild der Dörfer und Kleinstädte. So war auch der Zimmermann ein verbreiteter Beruf. Unter den Zimmerleuten gab es große Könner, die prachtvolle Fachwerkgebäude schufen, deren Haupt- und Eckbalken mit reichem Schnitzwerk wie Figuren und Ornamenten verziert waren oder Inschriften trugen. Mancherorts bewundern wir heute solche jahrhundertealten Fachwerkhäuser und Fachwerkkirchen, meist aus Eichenholz, die zum größten Teil als Baudenkmäler ausgewiesen sind.

„Es klappert die Mühle..."

„Es klappert die Mühle am rauschenden Bach..." – dieses früher häufig gesungene Volkslied hatte realen Bezug. Mühlen gab es überall im Land, vor allem in den ländlichen Gebieten unserer gewässerreichen Mittelgebirgsgegenden mit vorherrschender Landwirtschaft. Das Mahlwerk solcher Korn- oder Ölmühlen wurde durch ober- oder unterschächtige Wasserräder angetrieben. Mühlen hatten oft eine lange Geschichte und jahrhundertealte Wasserrechte. Mit dem Aufkommen der Elektrizität nutzten auch viele Mühlenbesitzer die Wasserkraft zur Stromerzeugung, zunächst für den eigenen Bedarf. Aus manchen Mühlen entwickelten sich auch bis zum heutigen Tage kleine Wasserkraftanlagen, die Strom an das öffentliche Netz liefern. Mühlen wurden im Volk schon immer in Liedern besungen, standen im Mittelpunkt von Märchen, Geschichten und Gedichten oder dienten unzähligen Malern, Zeichnern und Fotografen als romantische Bildvorlage. Das galt auch für den Müller, der angesehen war und zu den wohlhabendsten Bewohnern der Dörfer zählte.

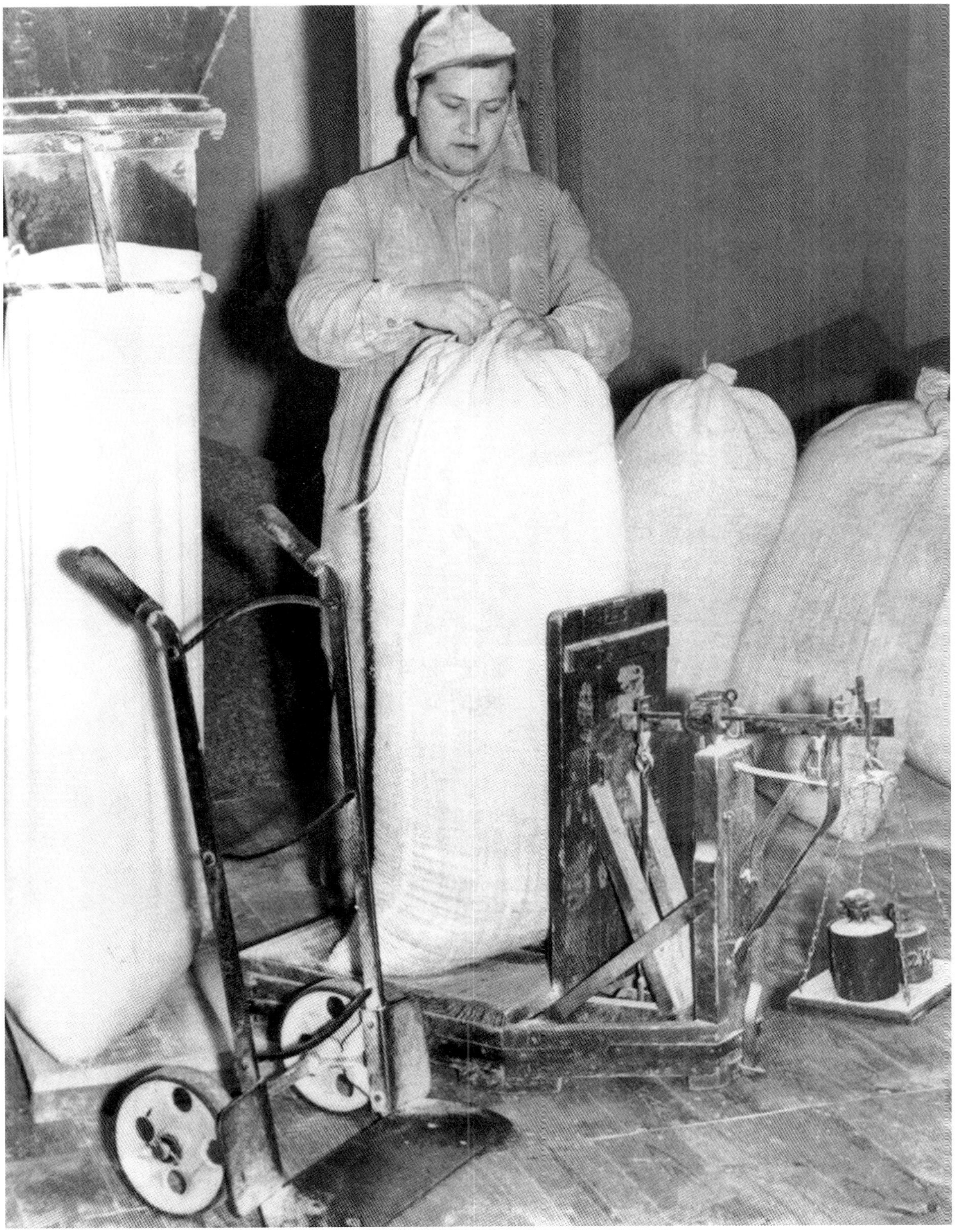

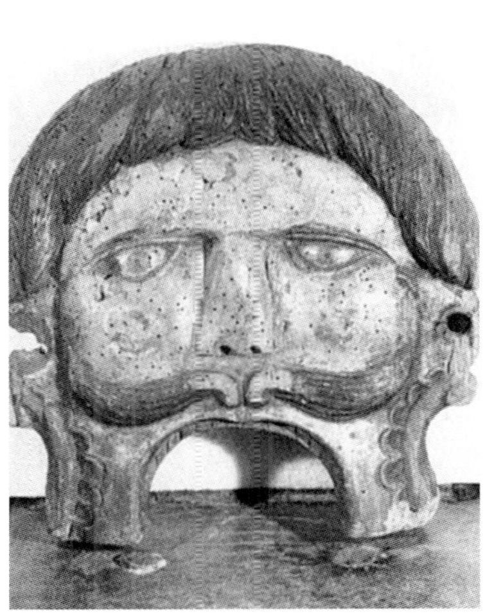

Mit der Technisierung der Landwirtschaft, der Vermarktung ihrer Produkte und der industriellen Verarbeitung sind auch die Dorfmühlen selten geworden. Man muß in unserem Land schon suchen, um ein „klapperndes Mühlrad am rauschenden Bach" zu finden, das nicht für den Fremdenverkehr läuft, sondern noch ein Mahlwerk antreibt, in dem ein Müller tätig ist.
In manchen Mühlen fand sich auch etwas besonderes, wie beispielsweise die „Kleienkotzer" am Ende des Kleienlaufes. Dieser streng dreinblickende Kleienkotzer stammt aus einer früheren Schlitzer Mühle.

Der Leinenweber

In manchen Gegenden Hessens war früher die Leinenweberzunft die größte und älteste aller Handwerkerzünfte. So standen allein in den Dörfern des Vogelsberges weit über tausend Webstühle, an denen nicht nur für den eigenen Bedarf, sondern hauptsächlich für Leinwandhändler gearbeitet wurde. Gewebt wurde vor allem Grob- und Packleinen, Drell, Zwillich, glatte Leinwand für Hemden und Bettzeug, Hausleinwand und blauweiß gestreifte Ware. Die geschicktesten Weber führten die komplizierte Musterweberei aus, die auf Webstühlen mit vielen Schäften gearbeitet wurde. Schwierigste Webart war die Damastweberei, die nur von wenigen beherrscht wurde. So waren u.a. die Schlitzerländer Weber und ihre Erzeugnisse über Deutschland hinaus bekannt. Als gegen Ende des 19. Jahrhunderts mit den Maschinen das Industriezeitalter anbrach, entstanden auch in Schlitz maschinelle Leinenwebereien. Ihre großen Bleichen wurden neben den Burgen zu einem weiteren Wahrzeichen der Stadt. Bis nach dem Zweiten Weltkrieg konnte man solche Bleichen, auf denen kilometerlang das Leinen auf Pfählen aufgehängt war, in den Wiesen um das Flüßchen Schlitz sehen.

Die anderen Bilder zeigen einen 300 Jahre alten Schlitzer Webstuhl, der im Heimatmuseum der Stadt aufgestellt ist.

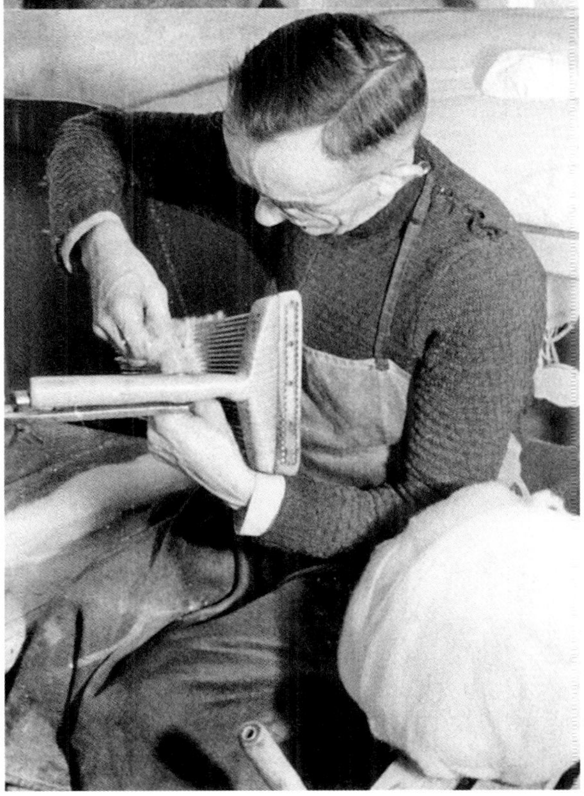

Wollbereitung

Die Schafzucht war in früherer Zeit ein bedeutender Landwirtschaftszweig. Spinnen, aber vor allem die Wollbereitung, sind fast ausgestorbene Heimarbeiten. Im Frühsommer wurden die Schafe geschoren, aber erst in den Wintermonaten fand man Zeit zur Verarbeitung der Wolle.

Der Wollbereiter „zeiste" die Schafwolle, bereitete sie spinnfertig. Wichtigstes Arbeitsgerät waren zwei große Stahlkämme. Mit ihrer Hilfe kämmte er die Wolle gründlichst durch, damit sie vollkommen aufgelockert und zart wurde. Dann wurde einer der beiden Stahlkämme an einer senkrecht stehenden Stange befestigt und die Wolle nochmals durchgezogen und zu langen, breiten Streifen geformt. Gerade diese Tätigkeit erforderte viel Geschick und Übung, wenn die armdicken Wollstreifen gleichmäßig, ohne Unreinheiten und locker sein sollten. Nachdem die langen Wollstreifen zu großen Kugeln zusammengewickelt worden waren, hatte der Wollbereiter seine Arbeit beendet.

Das Spinnen

Die Wolle war nun fertig zum Spinnen, und alsbald surrten in den Bauernstuben die Spinnräder. Aus den zu Kugeln aufgewickelten Wollstreifen spann man zunächst einen feinen Faden. Mehrere solcher Fäden zusammengesponnen ergaben dann das fertige Garn, aus dem Strümpfe, Handschuhe, Mützen, Westen oder Pullover gestrickt wurden.

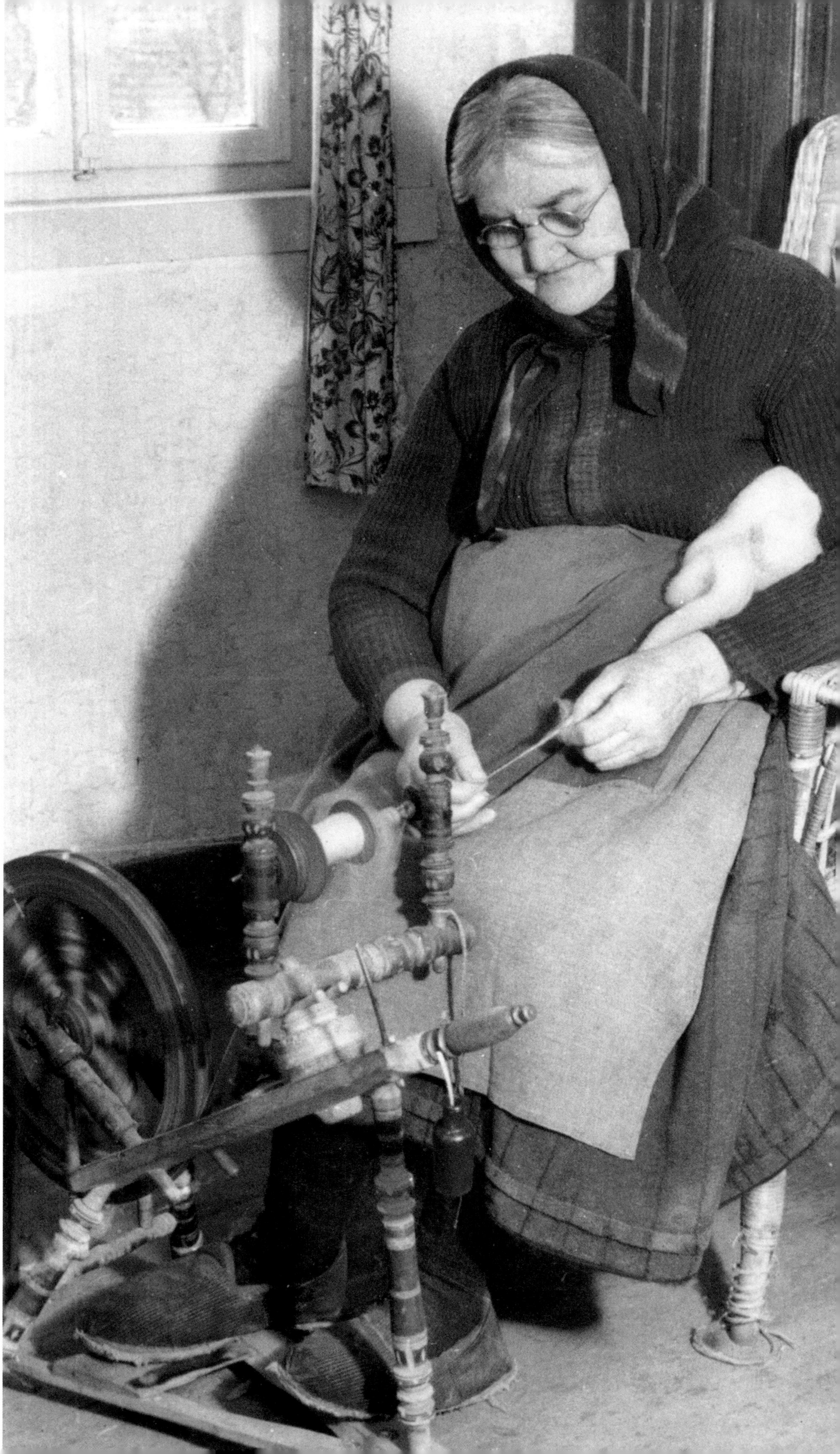

Die Klöpplerinnen

Bis zum letzten Weltkrieg galt das Erzgebirge als die deutsche Landschaft, aus der die schönsten Spitzen kamen. Hier gab es in vielen Häusern die Spitzenherstellung als Heimarbeit. Mit den Heimatvertriebenen kamen nach dem Zweiten Weltkrieg auch Frauen und Mädchen in die Dörfer Hessens, die die Herstellung von Spitzen in Handarbeit, das sogenannte Klöppeln, beherrschten. Der Klöppel ist eine hölzerne Garnspule, in deren Innenteil sich Garn befindet. Mit Hilfe vieler Klöppel werden durch Kreuzen und Knüpfen von Fäden die reich bemusterten Spitzen hergestellt. Das Klöppeln ist eine anstrengende und zeitraubende Tätigkeit.

Im Steinbruch und beim Steinmetz

In den Buntsandsteingebieten Hessens waren früher mehr Sandsteinbrüche als heute. Der behauene Sandstein war als Baumaterial sehr gefragt. Demzufolge gab es auch weit mehr Steinmetze als gegenwärtig. Die Arbeit in den Steinbrüchen war schwer und nicht ungefährlich. Maschinen standen kaum zur Verfügung, anstrengende Handarbeit war die alltägliche Tätigkeit eines Steinbrucharbeiters. Der Steinmetz aus Landenhausen (unser Bild) bearbeitet einen Buntsandstein zum Sockelstein eines Hauses.

Der Landbriefträger

Jahrzehnte sind vergangen seit der Zeit, als noch die Landbriefträger in mehreren Ortschaften ihren Dienst versahen.
Am 1. Oktober 1951 wurde die letzte „Landbriefträgerstrecke" Hessens eingestellt. Damals traf ich den Landbriefträger Heinrich Koch aus Crainfeld im Hohen Vogelsberg auf seinem letzten Dienstgang vor dem Dorf Herchenhain.
Heinrich Koch war Landbriefträger beim Postamt Grebenhain. Er ging in die höchsten Dörfer Oberhessens, nach Grebenhain-Oberwald, Hartmannshain, Herchenhain und Volkartshain. Bei Wind und Wetter, in Regen, Sturm und Schnee versah er seinen Dienst. Etwa dreißig Kilometer betrug die Strecke, die der „höchste Landbriefträger Oberhessens" schwer bepackt täglich zu Fuß oder mit dem Fahrrad zurücklegte. Ab und zu kam es vor, daß er in kalten und schneereichen Wintern in über 600 Meter Höhe im Schneesturm steckenblieb und von Grebenhain aus mit einem Schlitten abgeholt werden mußte.
Ab 1. Oktober 1951 wurden die Ortschaften Grebenhain-Oberwald, Hartmannshain, Herchenhain und Volkartshain wie alle anderen Dörfer mit einer Landkraftpost befahren. Ein Kapitel hessischer Postgeschichte fand ein Ende.

Der Töpfer

Seit rund 6000 Jahren wird die Töpferscheibe benutzt, die auch heute noch das wichtigste Handwerkszeug des Töpfers ist. In anderen Gegenden werden die Töpfer auch Hafner oder Pötter genannt. Ihr Arbeitsmaterial ist feuchter, gemagerter (oft mit etwas Quarzsand vermischter) Ton, der nach dem Formen luftgetrocknet, gebrannt und ggf. glasiert, gefärbt oder bemalt wird. Früher gewannen die Töpfer ihre Farben aus verschiedenfarbiger Erde selber. Sie wurden in Farb- oder Glasurmühlen zerkleinert und

der Dekor mit dem sogenannten Malhörnchen aufgetragen.
Wichtigste Erzeugnisse der Töpfer waren Krüge, Schüsseln, Kannen, Teller und Tassen, Schreibzeug für Tinte und Streusand, bunte Figuren und Zierrat.

Prüfend lassen die Bauern auf dem Foto gegenüber die Saat durch ihre Hände gleiten. Ruhe und Besonnenheit zeigen sich in ihren Gesichtern. Ein Pfeifchen und eine Zigarre rauchend, besprechen sie die Qualität des Saatgutes.

In Bildern und Geschichten erscheint Landarbeit oftmals als ewiges Säen und Ernten. Als wichtige Daten im bäuerlichen Arbeitsjahr wurden diese Tätigkeiten häufig mit Bräuchen verbunden, die in den einzelnen Landschaften unterschiedlich ausgeprägt waren. Sie wurden deshalb immer wieder gemalt, beschrieben und in jüngerer Zeit auch fotografiert.

Den oft romantisierenden Darstellungen stand jedoch in der Realität ein harter bäuerlicher Arbeitsalltag gegenüber. Neben dem Säen und dem Ernten gab es noch eine Vielzahl anderer Arbeiten auf Feld und Hof, die erledigt werden mußten. Der bäuerliche Arbeitsalltag war lang, Freizeit kannte man nicht.

Als diese Fotos entstanden, war die Landwirtschaft weitgehend technisiert. Dort, wo sich die Anschaffung teurer Landmaschinen lohnte, konnten mehrere Arbeitsgänge zusammengefaßt und somit Arbeitszeit und Arbeitskraft eingespart werden. Durch den Einsatz des Mähdreschers zum Beispiel konnte das Getreide in wenigen Stunden geschnitten, gedroschen, gereinigt und abgesackt werden.

Zwischen der Erfindung und der Anwendung von neuer Technik in der Landwirtschaft lag jedoch oftmals eine große zeitliche Distanz. Die Maschinen waren teuer, ihr Einsatz mußte sich rentieren. In Gegenden, wo die Landwirtschaft oft nicht mehr als einer bescheidenen Existenzsicherung diente, wo Bauern nur einige Hektar Land besaßen, lohnte sich die Anschaffung großer Landmaschinen kaum. Man bediente sich weiterhin der Muskelkraft von Mensch und Tier und verbesserter technischer Hilfsmittel. Die bäuerliche Arbeit blieb dort sehr arbeitsintensiv, und alle Familienmitglieder waren in den Arbeitsprozeß eingespannt.

Deshalb ist es nicht weiter verwunderlich, daß man auf diesen Fotografien der 40er und 50er Jahre noch Bauern sieht, die mit Hilfe ihrer Zugtiere die Feldarbeit verrichten oder das Getreide noch mit der Sense mähen.

Seit der Aufnahme dieser Fotos hat sich vieles geändert. Zahlreiche Bauern haben ihre Landwirtschaft aufgeben müssen und waren gezwungen, sich neue Arbeitsplätze in der Industrie zu suchen. Sie wurden zu Pendlern. Andere wiederum haben ihre Produktion umgestellt und erweitert. Dieser Prozeß führte zu neuen Problemen in der Landwirtschaft, die uns heute beschäftigen: Monokulturen, zerstörte Bodenstrukturen, Massenviehhaltungen...

„Im Märzen der Bauer…"

„Im Märzen der Bauer die Rößlein einspannt…" – dieses alte Volkslied klang vor einigen Jahrzehnten im Frühjahr noch aus den Schulsälen unserer Dorfschulen. Es hatte auch noch Bedeutung im wahrsten Sinne des Wortes, denn Pferde waren für die Bauern unentbehrliche Arbeitstiere zum Ziehen von fahrbarem Arbeitsgerät. Niemand aber besang die vielen Kühe, die von den Kleinbauern, die keine Pferde besaßen, als Zugtiere eingesetzt wurden und hart im Joch arbeiten mußten.

Ein Fünfer-Kuhgespann

Kuhgespanne waren früher, vor allem im Frühling, Sommer und Herbst, ein alltäglicher Anblick. Für kleinere Bauern, die keine Pferde besaßen, waren in den meisten Gegenden Hessens Kühe die einzigen Zugtiere. Man spannte zwei, auch mal drei oder vier Kühe bei schwerem Gefährt oder steilen Wegen vor den Wagen. Ein einziges Mal habe ich auf meinen Fototouren ein Fünfer-Kuhgespann angetroffen: im Jahre 1952 bei Helpershain/Kreis Alsfeld im hohen Vogelsberg, wo fünf Jochtiere einen Wagen mit einem Pfuhlfaß den steilen Bergweg hinaufzogen.

Getreideernte

In vielen ländlichen Gebieten Hessens lebt auch heute noch der größte Teil der Bevölkerung von der Landwirtschaft. In manchen Landkreisen wird über die Hälfte der Gesamtfläche landwirtschaftlich genutzt. Während in den Höhenlagen der Mittelgebirge vorwiegend nur Wiesen und Weiden genutzt werden, ist am Rande der Gebirge ab etwa 300 bis 350 Meter Höhenlage Ackerbau und Viehzucht ausgeglichen. Auf den Äckern werden überwiegend Getreide und Hackfrüchte angebaut.

Im Hochsommer ist die Zeit der Getreideernte. Sie war in früheren Jahren die „Hochzeit" im bäuerlichen Arbeitsjahr. Allerdings waren Arbeitsweise und Arbeitsgeräte anders als heutzutage. Als es noch keine Mähdrescher gab, stand auch bei der Getreideernte die Handarbeit im Vordergrund. Noch Anfang der fünfziger Jahre, als diese Aufnahmen entstanden, sah man auf kleineren Akkerflächen noch Bauern, die das Getreide mit der Sense mähten.

Heuernte

Schwer ist die Arbeit der Bauern auch heute noch, aber durch den vermehrten Einsatz von Maschinen und mechanischen Geräten hat sich doch vieles geändert. Was noch vor einer Generation von mehreren Personen in Handarbeit verrichtet wurde, vor allem auf Äckern und Wiesen, wird heute größtenteils maschinell bearbeitet. Ein besonders hartes Arbeitslos hatten früher die Bauersfrauen, denn sie mußten neben ihren umfangreichen Arbeiten in Haus, Hof, Stall und Garten auch noch bei der Feldarbeit weit mehr als heute mithelfen.
Auf den hoch beladenen Heuwagen wurde vor der Abfahrt der „Wiesbaum" befestigt, der neben der gekonnten Arbeit des Wagenladers die Gewähr dafür bot, daß der hohe Aufbau während der Fahrt auf oft holprigen und schiefen Wegen nicht teilweise verloren ging oder gar umkippte.

Rübenernte

Mit dem Ausmachen der Rüben endet das Abernten der Äcker. Manchmal sind es noch sonnige Herbsttage, aber oft wehen zu dieser Zeit schon kalte Winde übers Land. Heutzutage sieht es allerdings bei der Rübenernte der Bauern etwas anders aus als auf dem Bild, das vor vier Jahrzehnten bei Helpershain im hohen Vogelsberg.

Krautschaben

Bevor das schmackhafte Sauerkraut mit frischem Quellfleisch, Rippchen oder Solper auf den Tisch kommen kann, muß es erst einmal hergestellt werden. Früher geschah das wohl in jedem dörflichen Haushalt. Die Arbeit begann mit dem Schaben (Schneiden) des frisch geernteten Weißkrautes. Dazu benutzte man einen sogenannten Krauthobel. Mit einem solchen Faß (Zuber) Sauerkraut, wie auf diesem Bild, kam auch die größte Familie „gut durch den Winter", Schlachtfeste und Familienfeiern eingeschlossen.

Die beiden Bäuerinnen auf dem Foto gegenüber kümmern sich um die Vorratshaltung für den Winter. Arbeitsteilig schneiden und hobeln sie den frisch geernteten Kohl, um ihn anschließend zu verarbeiten und in Fässern zu lagern. Die Arbeit strengt an, sie bietet jedoch Gelegenheit, ein wenig zu reden, zu erzählen, was zum Beispiel im Dorf passiert ist.
Bis vor wenigen Jahrzehnten bedeutete Dorfleben eine überschaubare, festgefügte Lebens- und Arbeitswelt mit übereinstimmenden Wertvorstellungen und Normen. Der größte Teil dieses Lebens war mit Arbeit ausgefüllt. Eine Trennung von Arbeit und Freizeit kannte man nicht. Auch in den Mußestunden wurden oft kleinere Arbeiten wie Flicken und Ausbessern verrichtet. Eine willkommene Abwechslung im Arbeitsalltag waren die Dorffeste, die man intensiv feierte. Sie waren mithin das einzige Vergnügen der Landbewohner, die weit abseits größerer Städte lebten.
Im Dorf kannte einer den anderen, keine Tat blieb im Verborgenen, kein Geschehnis unkommentiert. Es herrschten eine strenge Hierarchie nach Besitz, strikte Rollenzuweisungen, insbesondere zwischen den Geschlechtern, und soziale Kontrollen. In der Kirche hatte jeder seinen Platz, vorne oder hinten, oben oder unten, je nach Stand und Geschlecht. Die oft beschworene und idealisierte Dorfgemeinschaft hatte so auch ihre Kehrseiten. Die Stigmatisierung von nicht arbeitsfähigen Mitgliedern als „wertlose Mitesser" zum Beispiel war eine harte Realität in dieser Gemeinschaft, in der die Arbeit eine zentrale Rolle spielte.
Die gravierenden Veränderungen in der ländlichen Arbeitswelt, insbesondere nach dem Zweiten Weltkrieg, blieben nicht ohne Auswirkungen auf das Leben im Dorf. Mit abnehmender agrarischer Orientierung glichen sich Arbeitsalltag, Lebensgewohnheiten, Kleidung, Wohnung und Freizeitverhalten immer mehr den städtischen Lebensweisen an. Man blieb nicht mehr unter sich, man arbeitete in den Städten und brachte andere Wertvorstellungen mit zurück ins Dorf. Viele Frauen legten schon in den 50er Jahren Tracht zugunsten bequemerer und pflegeleichter städtischer Kleidung ab. Die Häuser wurden mit Fabrikmöbeln eingerichtet, Medien wie Rundfunk und Fernsehen hielten Einzug in jede Wohnstube. Mit zunehmender Mobilität kaufte man in den Städten ein, die „Dippeleut" kamen nicht mehr. Gemeinsame Arbeiten im Dorf, die die Anwesenheit der Bewohner voraussetzten, wie z.B. das Schneeräumen, wurden privatisiert oder von der Gemeindeverwaltung übernommen. Alte Kommunikationsorte wie die Dorflinde verwaisten. Das Dorf als in sich geschlossene Welt zerbröckelte.
Seit einigen Jahren versucht man, die positiven Seiten des alten Dorflebens wieder aufleben zu lassen. Im Backhaus wird erneut das Feuer geschürt, mit vereinten Kräften wird die Verschönerung des Dorfbildes betrieben und alte Bräuche wieder hervorgeholt. Die Dorfbewohner suchen ihre Identität dort, wo sie sie verloren haben, im Dorf.

Bei der Dreschmaschine

Wenn das Getreide auf den Feldern reif ist, fahren heute Mähdrescher über die Anbauflächen und ernten in wenigen Stunden Getreideäcker von mehreren Morgen Größe. Aber nicht nur gemäht, sondern auch gleichzeitig gedroschen wird die Frucht. Vor einigen Jahrzehnten war das noch ganz anders. Die Bauern schnitten das reife Getreide mit der Sense, einer Mähmaschine oder einem Mäher, stellten es in Garben gebunden zu Haufen auf und ließen es einige Tage trocknen. Dann fuhren sie es in die Scheunen und lagerten die Garben, bis gedroschen wurde. Anfang unseres Jahrhunderts bis in die zwanziger Jahre hinein geschah dies noch in Handarbeit mit Dreschflegeln, später dann mit einer Dreschmaschine. gepreßt. Für die Bedienung einer Dreschmaschine waren einige Personen erforderlich. Die Maschine stand auf dem Dreschplatz oder in der Dreschhalle der Gemeinde bzw. der Dreschgenossenschaft. Die „kleinen Leute" und Kleinbauern fuhren zur ausgemachten Zeit ihr Getreide zur Dreschmaschine und nahmen das gepreßte Stroh, die Spreu und die in Säcke gefüllte Frucht mit nach Hause. Große Bauern holten sich die Dreschmaschine in ihren Hof oder in die Scheune. Ein solcher Dreschtag war in einem Bauernhaus ein besonderes Ereignis. Groß und klein, die Bauernfamilie und ihr Gesinde sowie Tagelöhner waren auf den Beinen und hatten alle Hände voll zu tun.

Beim Kartoffeldämpfen

Unter den Hackfrüchten spielt seit jeher die Kartoffel eine bedeutende Rolle. Nicht nur für die menschliche Nahrung, sondern auch als Viehfutter. Die letztere Verwendung ist zurückgegangen. Wenn früher die Kartoffelernte beendet war, kamen „Kartoffeldämpfmaschinen" in die Dörfer und nahmen in den größeren Bauernhöfen ihre Tätigkeit auf. In dem großen Kessel des Gerätes wurden Kartoffeln für das Vieh gedämpft. Anschließend wurden die gedämpften Erdfrüchte von den Bauern in einem besonders dafür bestimmten Silo eingestampft und aufbewahrt. Ein solcher Kartoffeldämpfer dämpfte pro Tag 100 bis 120 Zentner Kartoffeln. Ein Bauernhof von 50 bis 60 Morgen Größe verarbeitete bis zu 150 Zentner für diesen Zweck. Nicht in jedem Dorf gab es solche fahrbaren Dämpfer, die den Bauern eine große Arbeitserleichterung brachten. Diese Kartoffeldämpfmaschine aus Angersbach in Oberhessen, die ich vor vier Jahrzehnten fotografierte, fuhr auch in die Dörfer Landenhausen, Rudlos, Bad Salzschlirf, Ützhausen und Niederstoll und verrichtete dort im Herbst mit ihrer „Stammbesatzung" die Dämpfarbeit.

Die „Dippeleut" sind da!

Die „Dippeleut" sind da! Das sprach sich in wenigen Minuten in einem kleinen Dorf herum. Diese Geschirrhändler waren kein „fahrendes Volk", sondern den Dorfbewohnern bekannt, weil sie jahraus, jahrein, mit ihren „Dippewagen" die gleiche Route fuhren. Ihr Geschirr war preiswert und gut, und deshalb kauften die Frauen auch gern ihre Töpfe, Pfannen, Eimer und Kannen, Nachtgeschirre und Wannen an dieser fahrenden Geschirrläden. Bis einige Jahre nach dem Zweiten Weltkrieg fuhren solche Geschirrhändler mit ihren von Pferden gezogenen Wagen durch die Dörfer unseres Landes. Dieses Händlerehepaar aus dem Hunsrück fuhr mit seinem Wagen, in dem es auch wohnte, im Frühjahr zuhause ab und kehrte erst im Spätherbst wieder in seine Heimat zurück.
Das Bild entstand im Jahr 1950 in dem oberhessischen Dorf Hörgenau.

An der Milchrampe

Heute fahren Tankwagen oder Tankzüge, die 10.000 bis 30.000 Liter fassen, in die Bauerndörfer und holen an festgelegten Plätzen oder direkt an den größeren Höfen die Milch ab, die von den Viehhaltern in isolierten, fahrbaren Behältern dorthin gebracht wird.

Früher füllten die Bauern die Milch in die bis zu 20 Liter fassenden Kannen und transportierten diese an die Milchrampen (Milchböcke), von denen es mehrere in einem Dorf gab. Hier holten die Milchwagen die gefüllten Kannen ab, fuhren sie zur Molkerei und brachten die leeren Kannen zu den Rampen zurück.

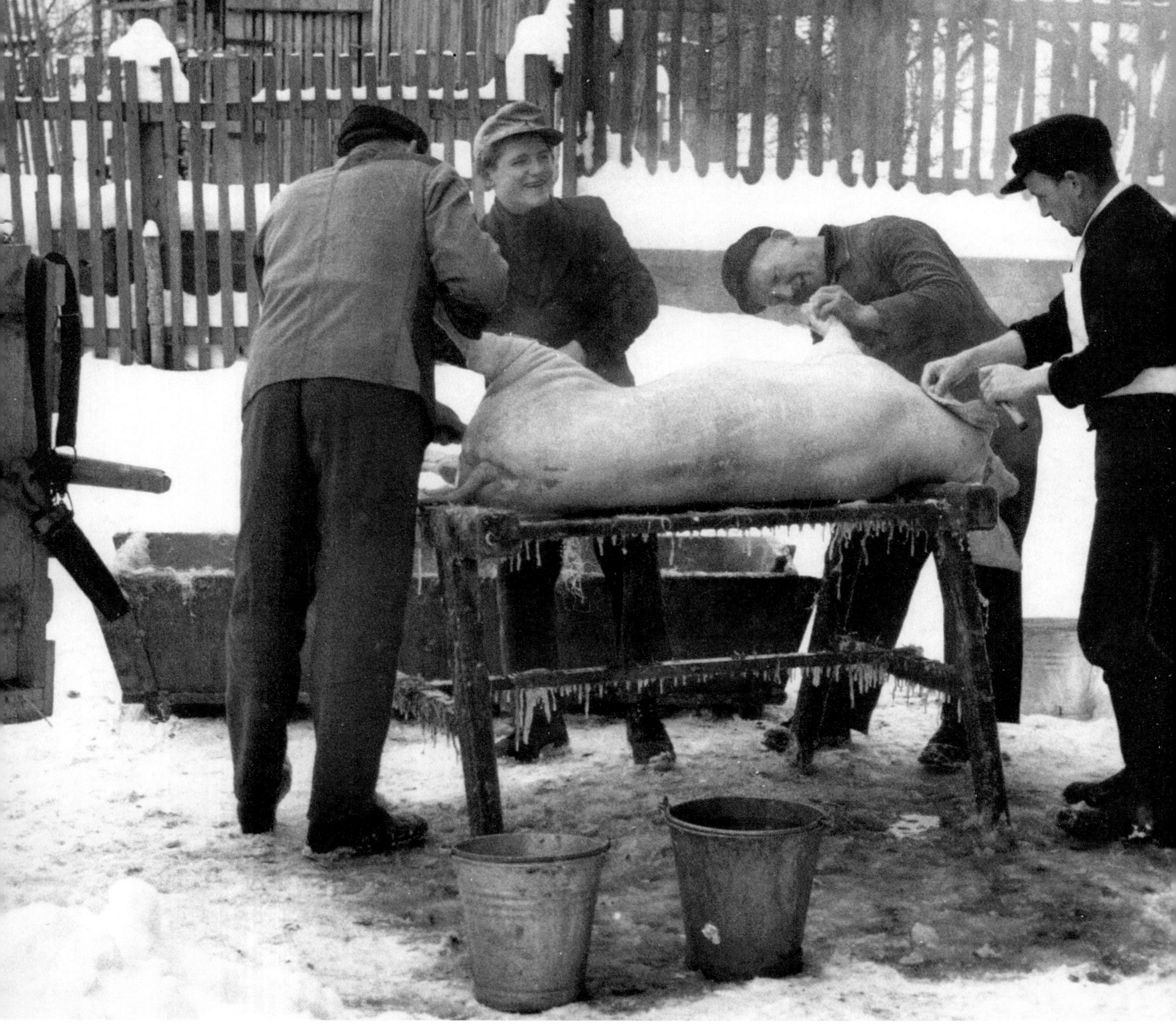

Ferkelkauf auf der Dorfstraße

In den Wintermonaten, wenn die Hausschlachter stark beschäftigt waren, hörte man fast jeden Morgen irgendwo im Dorfe ein Schwein um sein Leben quieken. Dann wurde es still in den fast leeren Schweineställen. Im Frühjahr quiekte es wieder in den Dorfstraßen, diesmal aber aus anderem Grund. Es war die Zeit der Ferkelhändler. Sie kamen in die Dörfer und boten auf Straßen, Plätzen oder in den Höfen ihre „quicklebendige Ware" an.

„Eisernte"

In früherer Zeit wurde von den Brauereien noch Natureis zu Kühlzwecken verwendet. Meist besaßen die Brauereien spezielle „Eisweiher" für die Gewinnung von Eis. Wenn die Eisdecke dick genug war, wurde sie gebrochen. Die Eisstücke wurden auf Pferdewagen verladen und zur Brauerei gefahren, wo man das Eis in tiefen Kellern einlagerte. Bei der Gewinnung und Abfuhr des Natureises waren, wie die Aufnahme aus Lauterbach zeigt, nahezu zwanzig Männer nötig.

Schneepflug mit Sechsergespann

Winterliche Straßenprobleme gibt es vor allem in unseren Mittelgebirgsgegenden seit eh und je. Eine anschauliche Rückerinnerung zu diesem Thema:
Im Winter 1949 traf ich dieses Straßenräumgerät auf der Bundestraße 254 bei der Kreisstadt Lauterbach. Ein Schneepflug aus Holz, bespannt mit sechs Pferden, räumte die Straße. Dieser Räumschlitten war in seiner Breite verstellbar und nahm während seiner Tätigkeit die ganze Straßenbreite ein. Kam ein Fahrzeug entgegen oder wollte eines überholen, so wurde das Holzgestell auf die halbe Breite zusammengezogen. Ein Mann saß auf dem Schneepflug, ein anderer führte die Pferde. Übrigens war dies ein kleiner Nebenerwerb für manchen Pferdebauern und zudem gut für die Gesundheit der Pferde in der bewegungsarmen Winterzeit.

Mit Holzschlitten unterwegs

An schneereichen Wintertagen benutzten die Bauern für den Transport von Geräten und Produkten oder für andere Besorgungen schwere, von Pferden gezogene Holzschlitten, die von Wagnern und Stellmachern angefertigt wurden. Für die Pferde waren solche Fahrten eine wichtige und notwendige „Bewegungstherapie".

Holzfuhrleute

Von Pferden gezogene Langholzwagen sah man in unseren waldreichen Gegenden häufig. Vor allem in den Wintermonaten, wenn die Feldarbeit ruhte, betätigten sich manche „Gäulsbauern" als Holzfuhrleute und verdienten sich mit dieser für Mensch und Tier schweren und nicht ungefährlichen Arbeit ein paar Mark hinzu. Man nannte diese Bauern, die sich keine „Winterruhe" gönnten, mancherorts „Hauderer".